MARGOT BICKEL

Mehr als alles wünsch ich dir

HERDER

FREIBURG · BASEL · WIEN

Freud' und Liebe, wo ihr fehlt, find' ich eine Lücke.
An des Lebens Horizont seid ihr Sonnenblicke.

JULIUS LANGBEHN

sonne im Herzen
wünsche ich dir
sonne in deinem Gesicht
sonnenblumen im Garten
und Sonnenblumenkerne
in deinem Müsli
das alles garantiert
ein sonniges Gemüt

O wünsche nichts vorbei
und wünsche nichts zurück!
Nur ruhiges Gefühl der Gegenwart ist Glück.

FRIEDRICH RÜCKERT

Auf deinem Spaziergang am Meer
wünsche ich dir
über einen Flaschengeist zu stolpern
der dir drei große Wünsche erfüllt

Das ist so die Art der Natur:
Sie übt sich an kleinen Dingen
und bietet im Geringsten Beispiele für Gewaltigstes.

LUCIUS ANNAEUS SENECA

Wenn du Glockengeläut hörst
wünsche ich dir die Idee

den Menschen, den du liebst
mit einem Blumenstrauß
zu überraschen

Lass den Himmel sich auf der Erde widerspiegeln,
auf dass die Erde zum Himmel werden möge.

DSCHELAL ED-DIN RUMI

Wenn du dein Pferd sattelst
wünsche ich dir
alles Glück der Erde
das du auf seinem Rücken findest

und dass du daran denkst
den Sattelgurt festzuziehen
bevor du aufsteigst

Die Natur ist die große Ruhe gegenüber unserer Beweglichkeit.
Darum wird sie der Mensch immer mehr lieben,
je feiner und beweglicher er werden wird.
Sie gibt ihm die großen Züge, die weiten Perspektiven
und zugleich das Bild einer bei aller unermüdlichen Entwicklung
erhabenen Gelassenheit.

CHRISTIAN MORGENSTERN

Für deine Lebensplanung
wünsche ich dir
Fels in der Brandung zu sein

Für die Felsen,
die sich dir in den Weg stellen
ein GPS, um sie zielsicher
zu umfahren

Die Wege der Weisheit
führen durch die Wüste.

ERFAHRUNG DER BEDUINEN

Wenn du in faszinierender
Landschaft rastest
wünsche ich dir

deine Seele baumeln zu lassen
deinen Träumen zu trauen
und in dem leichten Lufthauch
wieder zehn Jahre jünger zu werden

Reisen veredelt den Geist
und räumt mit unseren Vorurteilen auf.

OSCAR WILDE

Gönn' dir hin und wieder
eine Reise in dein Wolkenkuckucksheim
in ein Zauberland
in eine Wunderwelt

und auf der Rückreise
wünsche ich dir
ein leichtes Herz
mit vielen verrückten Ideen

Wer den Horizont erweitert,
verkleinert den Himmel.

KLAUS KINSKI

Für deine Bergtour wünsche ich dir
eine schnee- und eisfeste Ausrüstung
einen siebten Sinn für Lawinen

und einen Bernhardinerhund
der das Fässchen
Gipfelwasser hoch trägt

So wie du denkst,
so fällt deine Ernte aus.

SHRÎ RAMAKRISHNA

Mögen deine Gegner Stroh im Kopf haben
du selbst gemütlich im Stroh lagern
strohblond dir stehen

und wenn du Hunger hast
mögen deine Kartoffeln
nicht im Strohfeuer
sondern im Lagerfeuer garen

Wer seine Kraft bewahren
und seinen Geist ausruhen lassen kann,
wird Nerven wie Stahl bekommen.

PRENTICE MULFORD

Für deinen Urlaub am Meer wünsche ich dir
eine lange Angel mit den richtigen Ködern
jeden Tag erfrischende Sprünge ins kühle Nass
und Haie, die deine Urlaubsadresse nicht kennen

Nur Reisen ist Leben,
wie umgekehrt Leben Reisen ist.

JEAN PAUL

Für eine Amerikatour
wünsche ich dir
schnelles Reaktionsvermögen
auf den vielspurigen Highways

Pioniergeist, um die Megastadt zu erobern
und einen inneren Kompass
um das kleine Hotel in der Nebenstraße
wieder zu finden

Großes geschieht,
wenn Mensch und Berg sich treffen.

WILLIAM BLAKE

Wenn dich der Berg ruft
wünsche ich dir
eine gute zielsichere Wanderkarte
siebenmeilenstiefel für aufwärts

starke Waden für abwärts
rechtzeitig eine offene Berghütte
eine schüssel Wasser für die heißen Füße
und eine zünftige Brotzeit mit einem kühlen Bier

Nichts verleiht
mehr Überlegenheit,
als ruhig und
unbekümmert zu bleiben.

THOMAS JEFFERSON

In schwierigen Lagen
wünsche ich dir
viel Sinn für Humor

und für ungewöhnliche Haltungen
damit du den Halt
gerade dann nicht verlierst

Die Horizonte mögen verschieden sein,
aber der Himmel bleibt gleich.

BILLY GRAHAM

Bei deiner Erkundung amerikanischer Nationalparks
wünsche ich dir

dass alle Klapperschlangen gerade schlafen
die Pumas satt und träge
die Grizzlys auf Lachsfang sind
aber zwei Esel dein Gepäck tragen

Das Glück liegt nicht am anderen Ufer,
bei den anderen Menschen,
denen es scheinbar viel besser geht.
Das Glück liegt in dir.

PHIL BOSMANS

Um von einem Ufer
ans andere zu gelangen
wünsche ich dir

einen Fährmann oder einen Ruderer
und einen vollen Picknickkorb
bis einer von beiden vorbei kommt

Die Ungewissheit ist es, die uns reizt.
Ein Nebel macht die Dinge wunderschön.

OSCAR WILDE

Wenn Nebelschwaden auf dich zuwabern
wünsche ich dir

schneller zu sein als die Wolken
und für den Fall der Vernebelung
eine Rolle Klarsichtfolie

Wer über See fährt,
wechselt den Horizont,
nicht den Charakter.

HORAZ

Für deine Segeltour
wünsche ich dir
einen erfahrenen Kapitän
eine tolle Crew
ein Gewässer ohne Haie

und jemanden, der daran denkt
den Proviant auf das richtige
Boot zu schaffen

Die wahre Ernte meines täglichen Lebens
ist etwas so Unfassliches
wie das Morgen- und Abendrot.

HENRY DAVID THOREAU

Wenn dich romantische Stimmung erfüllt
wünsche ich dir

ein candle-light-dinner unter freiem Himmel
und dass dir im richtigen Augenblick
die richtigen Worte einfallen
für eine zauberhafte Liebeserklärung

Je weniger einer braucht,
desto mehr nähert er sich den Göttern,
die gar nichts brauchen.

SOKRATES

jeder neue Tag ist ein unbekanntes Abenteuer
mit kleinen und großen Begebenheiten
kleinen und großen Pannen

dazu braucht's jede Menge Humor
Lebenslust und Freude
genau das und mehr als alles
wünsch ich dir

Gesamtgestaltung: Ulrich Ruf, Sölden bei Freiburg
Umschlagmotiv: Richard Price – gettyimages
Bilder im Innenteil: Franziska und Ulrich Ruf

Alle Rechte vorbehalten – Printed in Italy
© Verlag Herder Freiburg im Breisgau 2005
www.herder.de
Herstellung: L.E.G.O Olivotto S.p.A., Vicenza 2005
Gedruckt auf umweltfreundlichem,
chlorfrei gebleichtem Papier
ISBN 3-451-28754-4

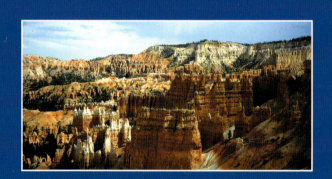